*A Kalmus Classic Edition*

Ludwig van
# BEETHOVEN

## SYMPHONIES

VOLUME II
Nos. 6–9

Transcribed by
FRANZ LISZT

FOR PIANO

K 09228

Kalmus

## VORWORT.

Der Name Beethoven ist heilig in der Kunst. Seine Symphonien werden heutzutage allgemein als Meisterwerke anerkannt; wer irgend den ernsten Wunsch hegt, sein Wissen zu erweitern oder selbst Neues zu schaffen, der kann diese Symphonien nie genug durchdenken und studieren. Deshalb hat jede Art und Weise, sie zu verbreiten und allgemeiner zugänglich zu machen, ein gewisses Verdienst, und den bisherigen, ziemlich zahlreichen Bearbeitungen ist ein verhältnismäßiger Nutzen durchaus nicht abzusprechen, obwohl sie bei tieferem Eindringen meistens nur von geringem Wert erscheinen. Der schlechteste Steindruck, die fehlerhafteste Übersetzung gibt doch immer noch ein, wenn auch unbestimmtes Bild von dem Genie eines Michel Angelo, eines Shakespeare; in dem unvollständigsten Klavierauszuge erkennt man dennoch hin und wieder die, wenn auch halbverwischten Spuren von der Begeisterung des Meisters. Indessen, durch die Ausdehnung, welche das Pianoforte in der neuesten Zeit zufolge der Fortschritte in der technischen Fertigkeit und in der mechanischen Verbesserung gewonnen hat, wird es jetzt möglich, mehr und besseres zu leisten, als bisher geleistet worden ist. Durch die unermeßliche Entwicklung seiner harmonischen Gewalt sucht das Pianoforte sich immer mehr und mehr alle Orchester-Kompositionen anzueignen. In dem Umfange seiner sieben Oktaven vermag es, mit wenigen Ausnahmen, alle Züge, alle Kombinationen, alle Gestaltungen der gründlichsten und tiefsten Tonschöpfung wiederzugeben, und läßt dem Orchester keine anderen Vorzüge, als die Verschiedenheit der Klangfarben und die massenhaften Effekte — Vorzüge freilich, die ungeheuer sind.

In solcher Absicht habe ich die Arbeit, die ich der Welt jetzt übergebe, unternommen. Ich gestehe, daß ich es für eine ziemlich unnütze Verwendung meiner Zeit ansehen müßte, wenn ich weiter nichts getan hätte, als die vielen bisherigen Ausgaben der Symphonien mit einer neuen, in gewohnter Weise bearbeiteten zu vermehren; aber ich halte meine Zeit für gut angewendet, wenn es mir gelungen ist, nicht blos die großen Umrisse der Beethovenschen Komposition, sondern auch alle jene Feinheiten und kleineren Züge auf das Pianoforte zu übertragen, welche so bedeutend zur Vollendung des Ganzen mitwirken. Mein Ziel ist erreicht, wenn ich es dem verständigen Kupferstecher, dem gewissenhaften Übersetzer gleichgetan habe, welche den Geist eines Werkes auffassen und so zur Erkenntnis der großen Meister und zur Bildung des Sinnes für das Schöne beitragen.

Rom, 1865. **F. LISZT.**

## PRÉFACE.

Le nom de Beethoven est un nom consacré dans l'art. Ses Symphonies sont universellement reconnues aujourd'hui comme des chefs-d'œuvre. Elles ne sauraient être trop méditées, trop étudiées par tous ceux qui ont un désir sérieux de savoir ou de produire. Toutes les façons de les répandre et de les populariser ont en conséquence leur degré d'utilité, et les arrangements pour Piano, faits en assez grand nombre jusqu'ici de ces Symphonies, ne sont pas dépourvus d'un certain avantage, bien que considérés intrinsèquement ils soient pour la plupart de médiocre valeur. La plus mauvaise lithographie, la traduction la plus incorrecte donne encore une idée vague du génie de Michel-Ange et de Shakespeare. Dans la plus incomplète réduction on retrouve de loin en loin les traces demi-effacées de l'inspiration des maîtres. Mais l'extension acquise par le Piano en ces derniers temps, par suite des progrès de l'exécution et des perfectionnements apportés dans le mécanisme, permettent de faire plus et mieux que ce qui a été fait jusqu'à cette heure. Par le développement indéfini de sa puissance harmonique, le Piano tend de plus en plus à s'assimiler toutes les compositions orchestrales. Dans l'espace de ses sept octaves, il peut produire, à peu d'exception près, tous les traits, toutes les combinaisons, toutes les figures de la composition la plus savante, et ne laisse à l'orchestre d'autres supériorités (immenses il est vrai) que celles de la diversité des timbres et des effets des masses.

Tel a été mon but dans le travail que je publie aujourd'hui. J'eusse estimé, je l'avoue, comme un assez inutile emploi de mes heures la publication d'une vingtième variante des Symphonies dans la manière usitée jusqu'ici; mais je les regarderai comme bien remplies, si j'ai réussi à transporter sur le Piano, non seulement les grandes lignes de la Composition de Beethoven, mais encore cette multitude de détail et d'accessoire qui concourent si puissamment à la perfection de l'ensemble. Je serai satisfait si j'ai accompli la tâche du graveur intelligent, du traducteur consciencieux qui saisissent l'esprit d'une œuvre avec la lettre, et contribuent ainsi à propager la connaissance des maîtres et le sentiment du beau.

Rome, 1865. **F. LISZT.**

## PREFACE.

The name of Beethoven is sacred in art. His symphonies are at present universally acknowledged to be master-pieces; whoever seriously wishes to extend his knowledge or to produce new works can never devote too much reflection and study upon them. For this reason every way or manner of making them accessible and popular has a certain merit, nor are the rather numerous arrangements published so far without relative merit, though, for the most part, they seem to be of but little intrinsic value for deeper research. The poorest lithograph, the most faulty translation always gives an idea, indefinite though it be, of the genius of Michel Angelo, of Shakespeare, in the most incomplete piano-arrangement we recognise here and there the perhaps half effaced traces of the master's inspiration. By the development in technique and mechanism which the piano has gained of late, it is possible now to attain more and better results than have been attained so far. With the immense development of its harmonic power the piano seeks to appropriate more and more all orchestral compositions. In the compass of its seven octaves it can, with but a few exceptions, reproduce all traits, all combinations, all figurations of the most learned, of the deepest tone-creations, and leaves to the orchestra no other advantages, than those of the variety of tone-colors and massive effects — immense advantages, to be sure.

Such has been my aim in the work I have undertaken and now lay before the musical world. I confess that I should have to consider it a rather useless employment of my time, if I had but added one more to the numerous hitherto published piano-arrangements, following in their rut; but I consider my time well employed if I have succeeded in transferring to the piano not only the grand outlines of Beethoven's compositions but also all those numerous fine details, and smaller traits that so powerfully contribute to the completion of the ensemble. My aim has been attained if I stand on a level with the intelligent engraver, the conscientious translator, who comprehend the spirit of a work and thus contribute to the knowledge of the great masters and to the formation of the sense for the beautiful.

Rome, 1865. **F. LISZT.**
(English translation by C. E. R. Mueller.)

# CONTENTS

## VOLUME 1
### KALMUS 9227

1. Op. 21. C dur — C major — Ut majeur . . . . . . . . . . 1
2. Op. 36. D dur — D major — Ré majeur . . . . . . . . . . 27
3. Op. 55 (Eroica). Es dur — E♭ major — Mi♭ majeur . . . . . . . . . . 67
4. Op. 60. B dur — B♭ major — Si♭ majeur . . . . . . . . . . 121
5. Op. 67. C moll — C minor — Ut mineur . . . . . . . . . . 164

## VOLUME 2
### KALMUS 9228

6. Op. 68 (Pastorale). F dur — F major — Fa majeur . . . . . . . . . . 1
7. Op. 92. A dur — A major — La majeur . . . . . . . . . . 53
8. Op. 93. F dur — F major — Fa majeur . . . . . . . . . . 105
9. Op. 125 (mit Schlußchor über Schillers Ode an die Freude). D moll — D minor — Ré mineur 141

# Symphonies No. 6-9
## Symphony No. 6
### Pastoral
### Volume 2

Dem Fürsten von Lobkowitz und dem Grafen Rasoumoffsky gewidmet.

Erwachen heiterer Empfindungen bei der Ankunft auf dem Lande.

Eveil de sentiments de joie en arrivant à la campagne.

The awakening of cheerful feelings on arriving in the country.

Derült érzések falura érkezéskor.

L. Van Beethoven, Op. 68
Transcribed by Franz Liszt

Allegro ma non troppo. ♩= 66.

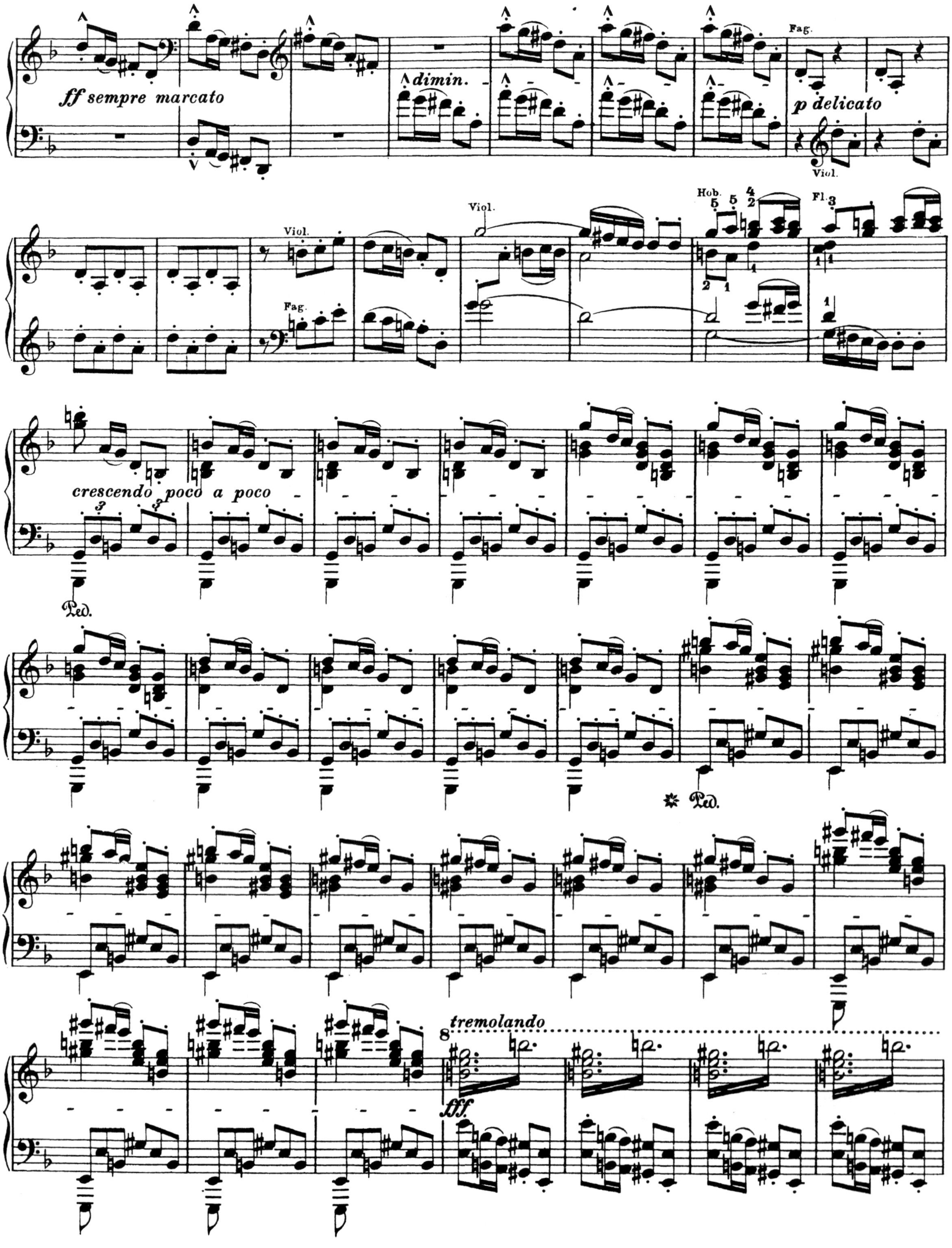
ff sempre marcato
dimin.
Fag.
p delicato
Viol.
Viol.
Fag.
Viol.
Hob.
Fl.
crescendo poco a poco
Ped.
Ped.
tremolando
fff

8

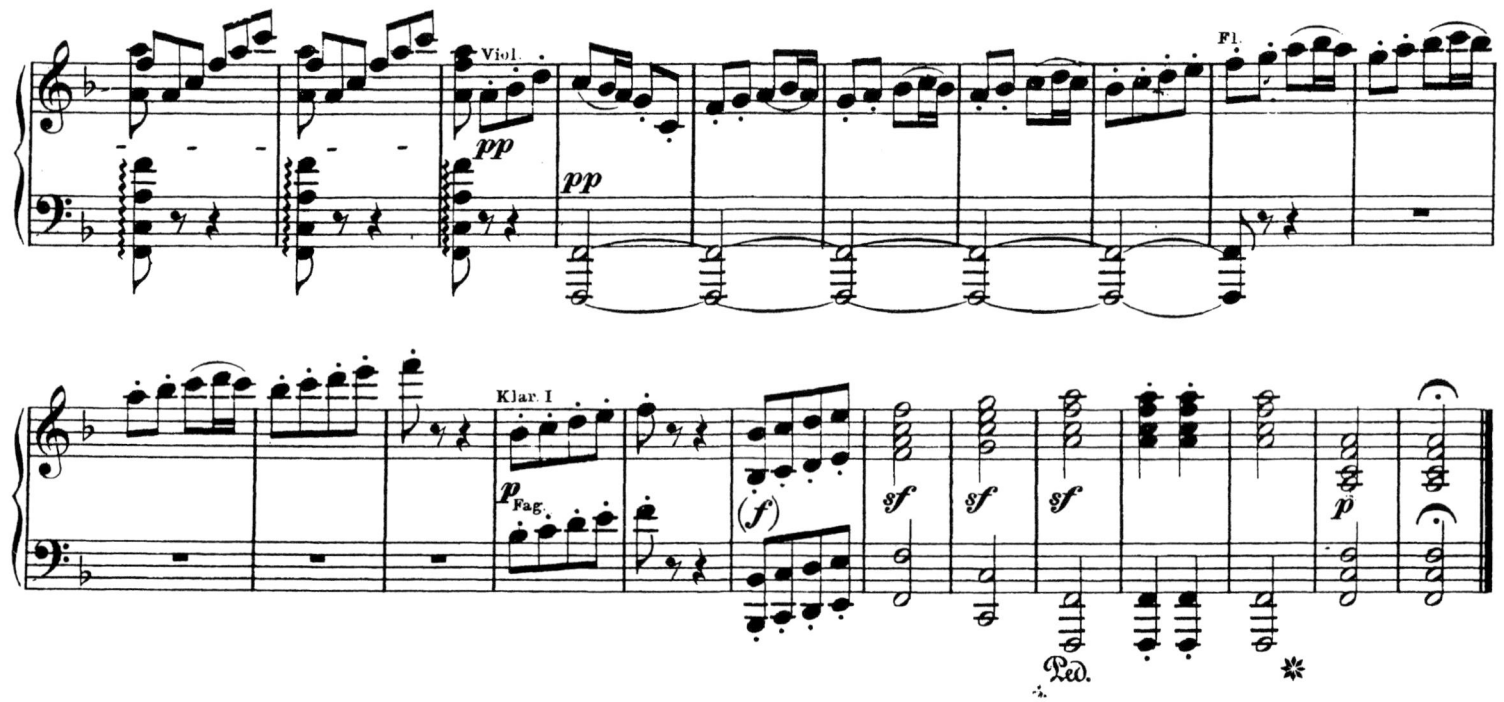

## Szene am Bach. Scene at the brook.

## Scène au bord du ruisseau. Patakparti jelenet.

**Andante molto moto.** ♩. = 50.

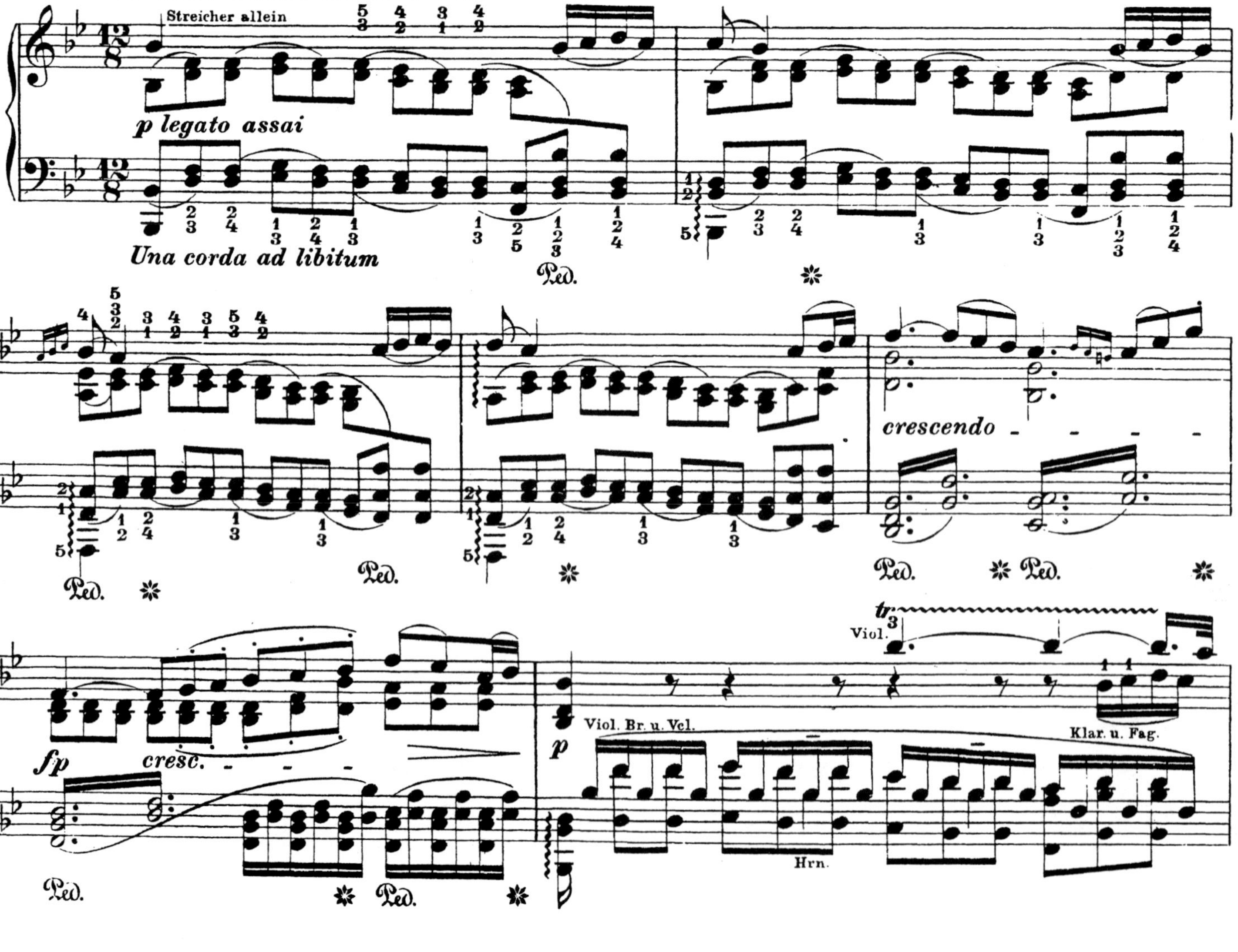

16

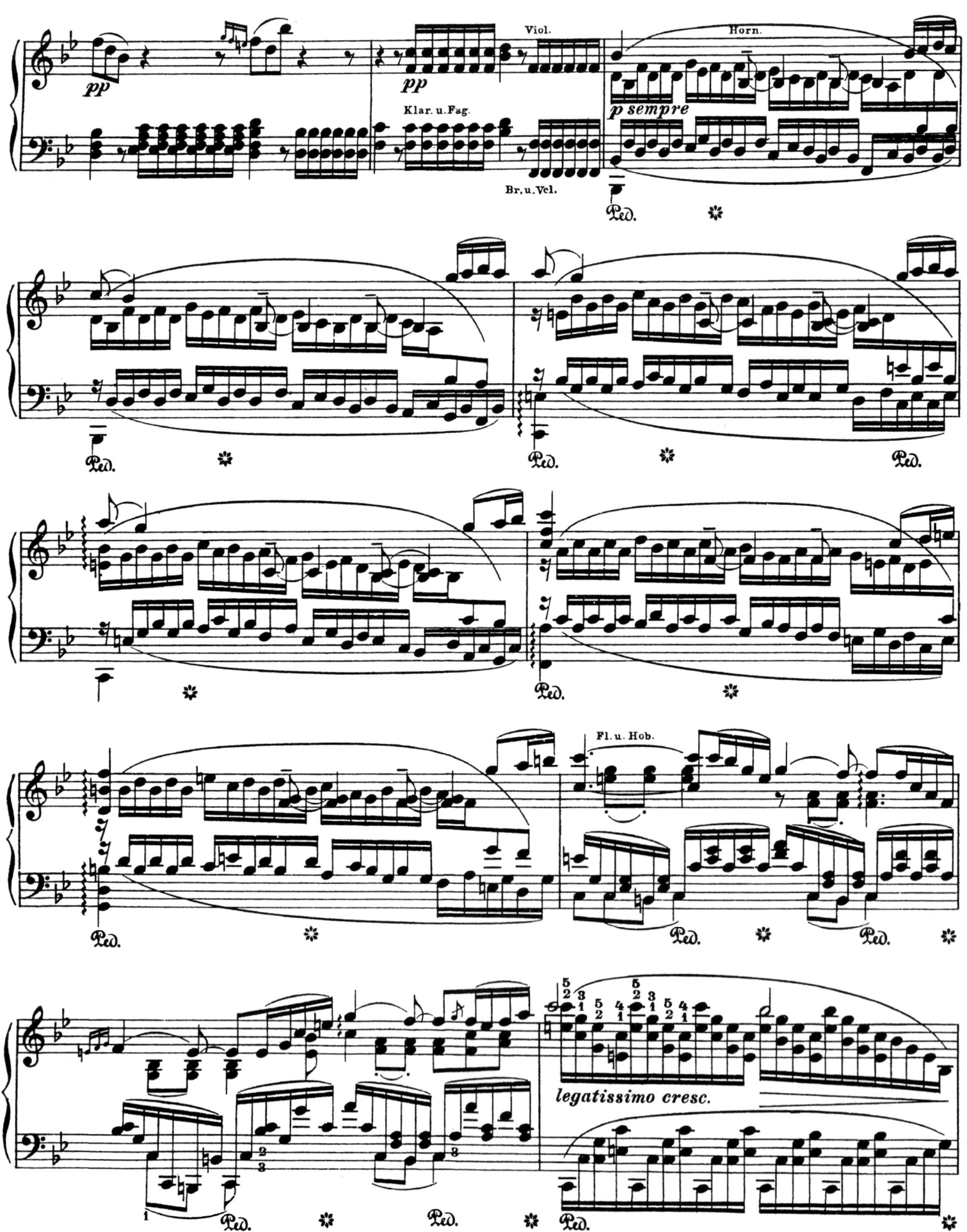

20

22

26

## Lustiges Zusammensein der Landleute.
### Réunion joyeuse des paysans.

## Merry meeting of country folk.
### A falusiak vidam egjuttlete.

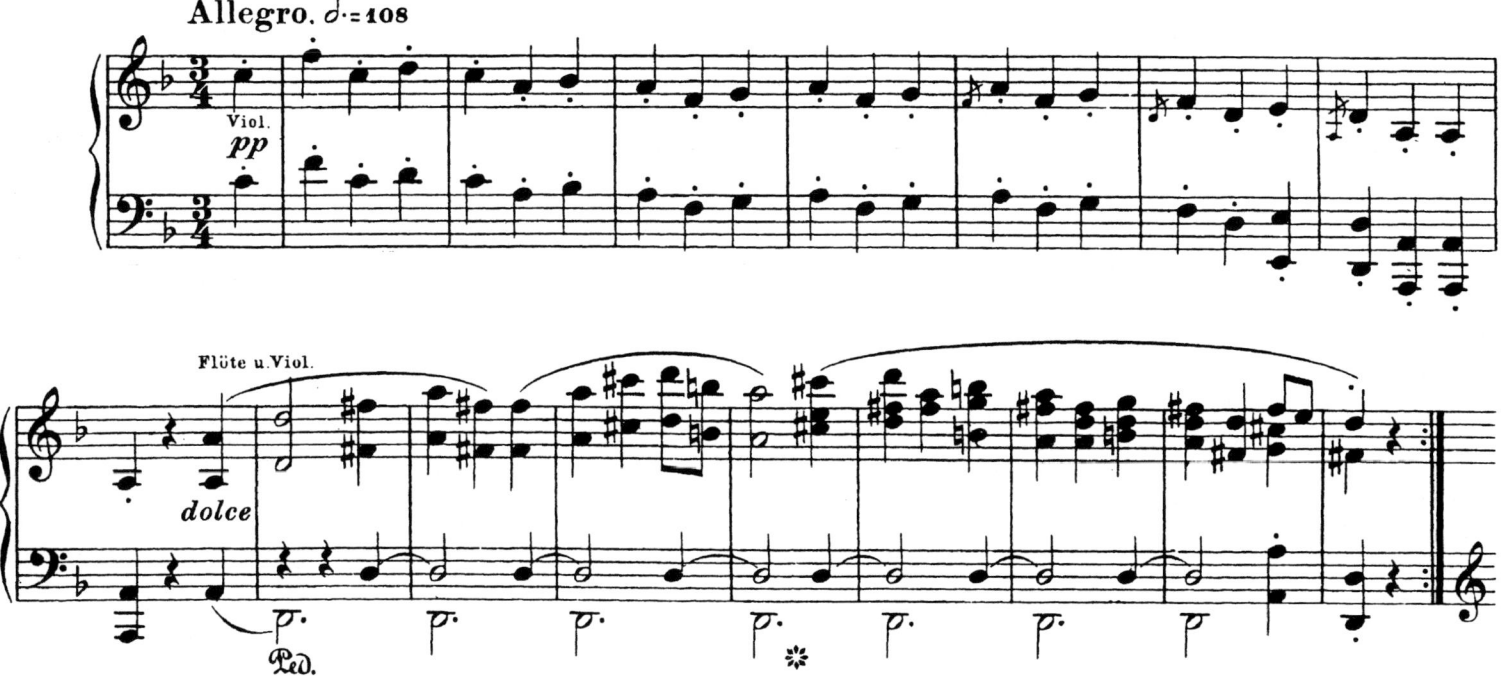

30

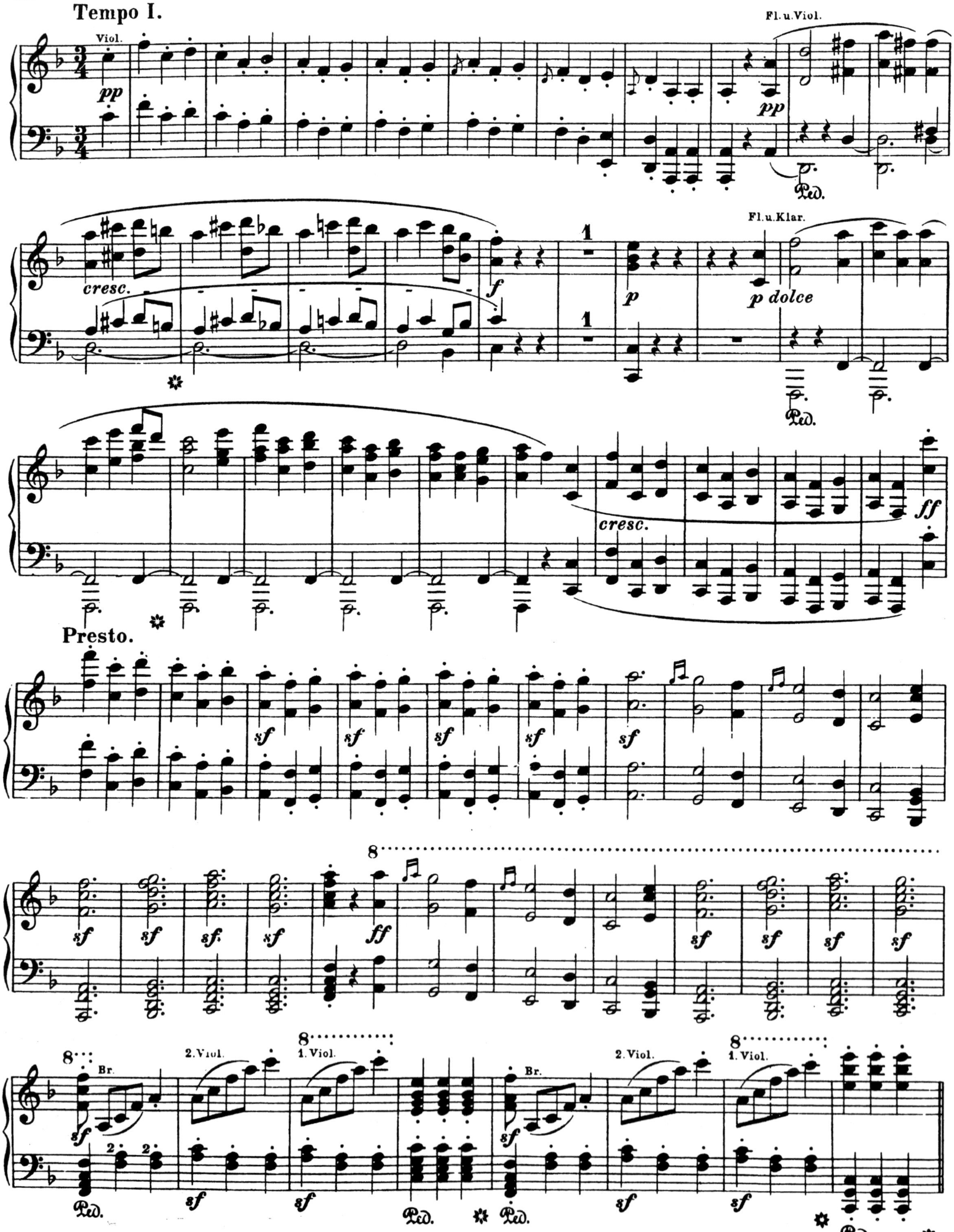
Tempo I.
Viol.
pp
Fl. u. Viol.
pp
Ped.
cresc.
f
p
Fl. u. Klar.
p dolce
Ped.
cresc.
ff
Presto.
sf
sf
sf
sf
sf
sf
sf
sf
sf
ff
sf
sf
sf
sf
Br.
2. Viol.
1. Viol.
sf
Ped.
sf
sf
Ped.
Ped.
Br.
2. Viol.
1. Viol.
sf
sf
sf
Ped.

Gewitter. Sturm.     Thunderstorm. Tempest.
Orage. Tempête.     Zivatar. Vihar.

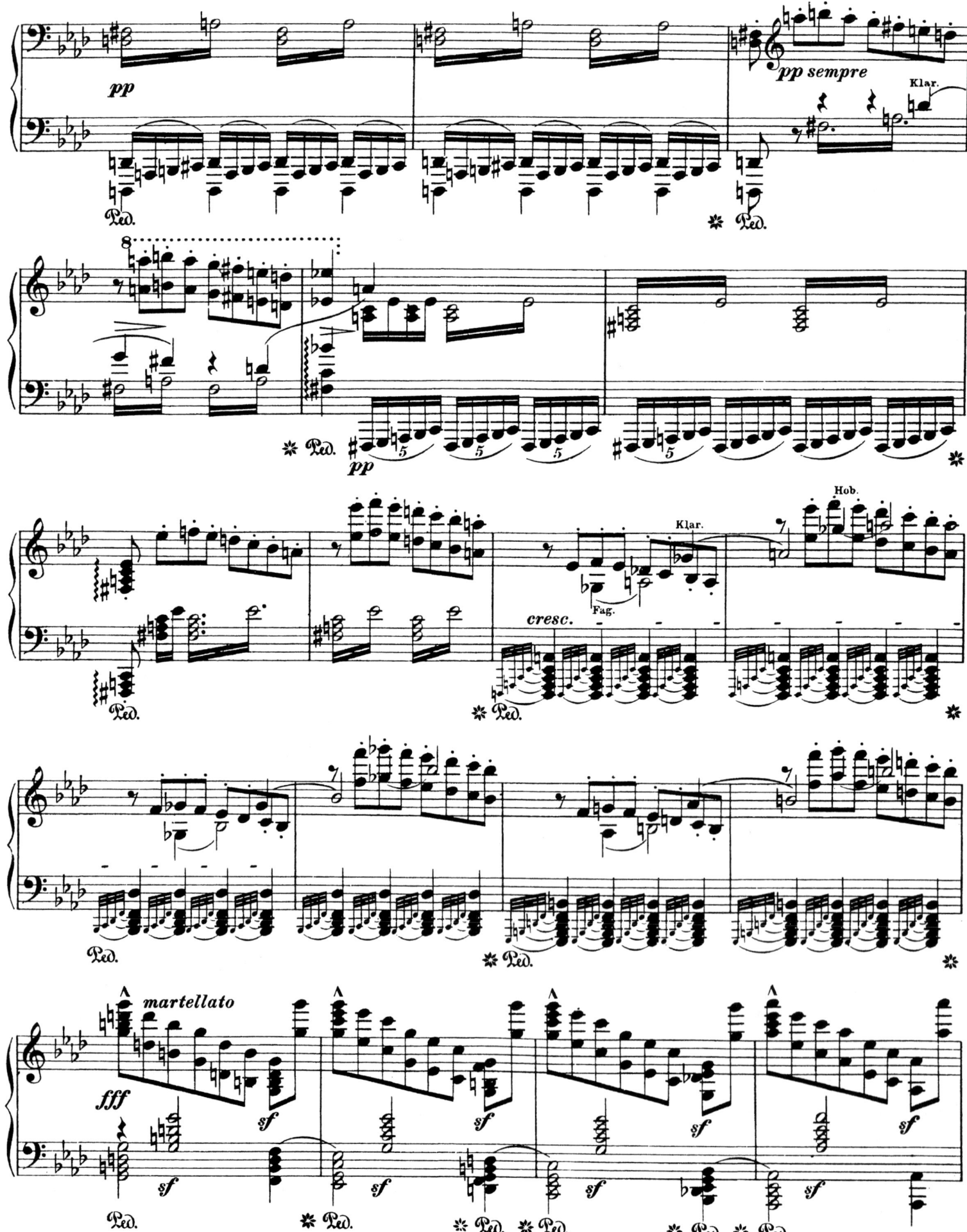

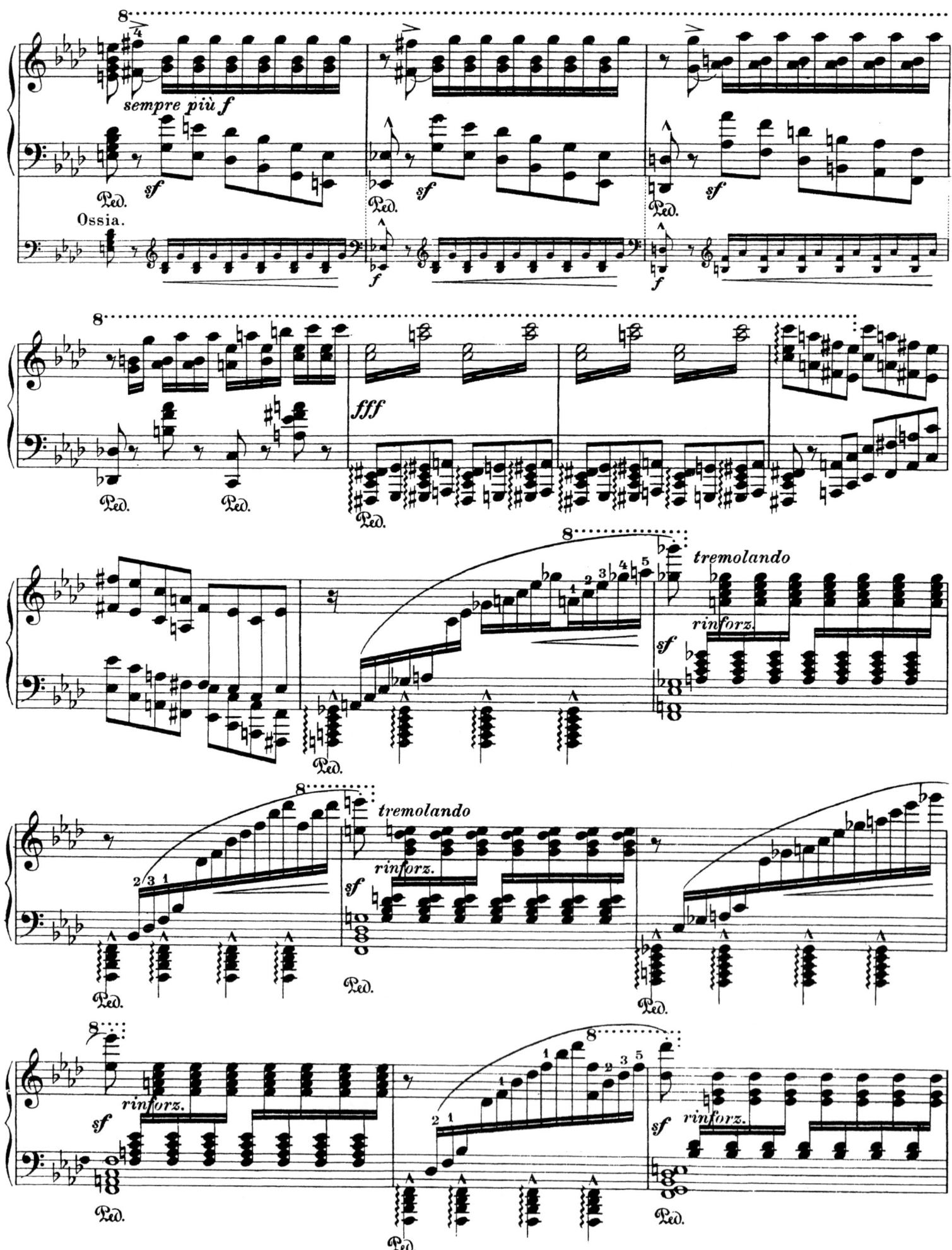

40

### Hirtengesang.
Frohe und dankbare Gefühle nach dem Sturm.

### Chant des bergers.
Sentiments d'allégresse et de reconnaissance après la tempête.

### Song of the shepherds.
Glad and thankful feelings after the storm.

### Pasztori enek.
Öröm és hála a vihar után.

**Allegretto.** ♩. = 60.

42

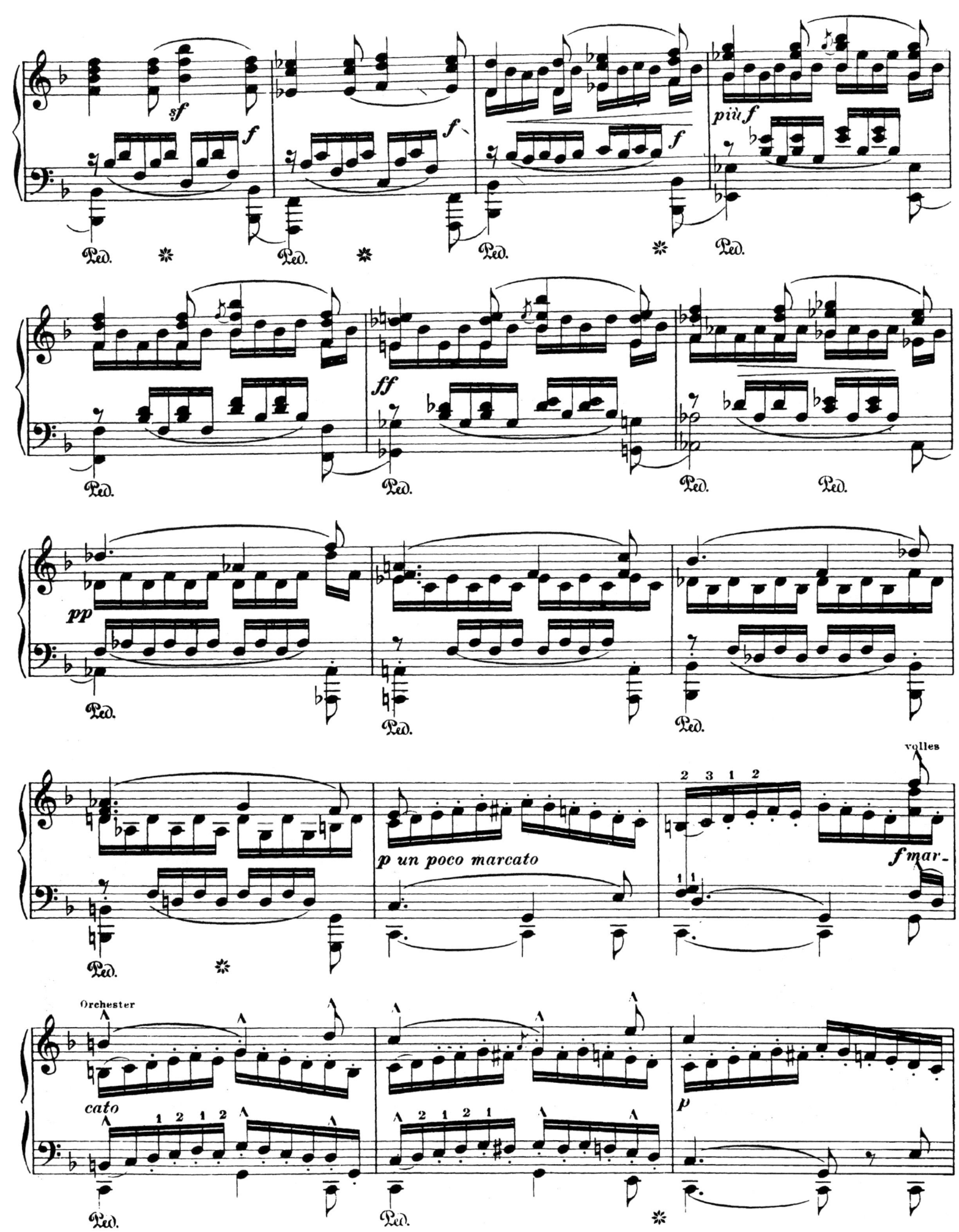

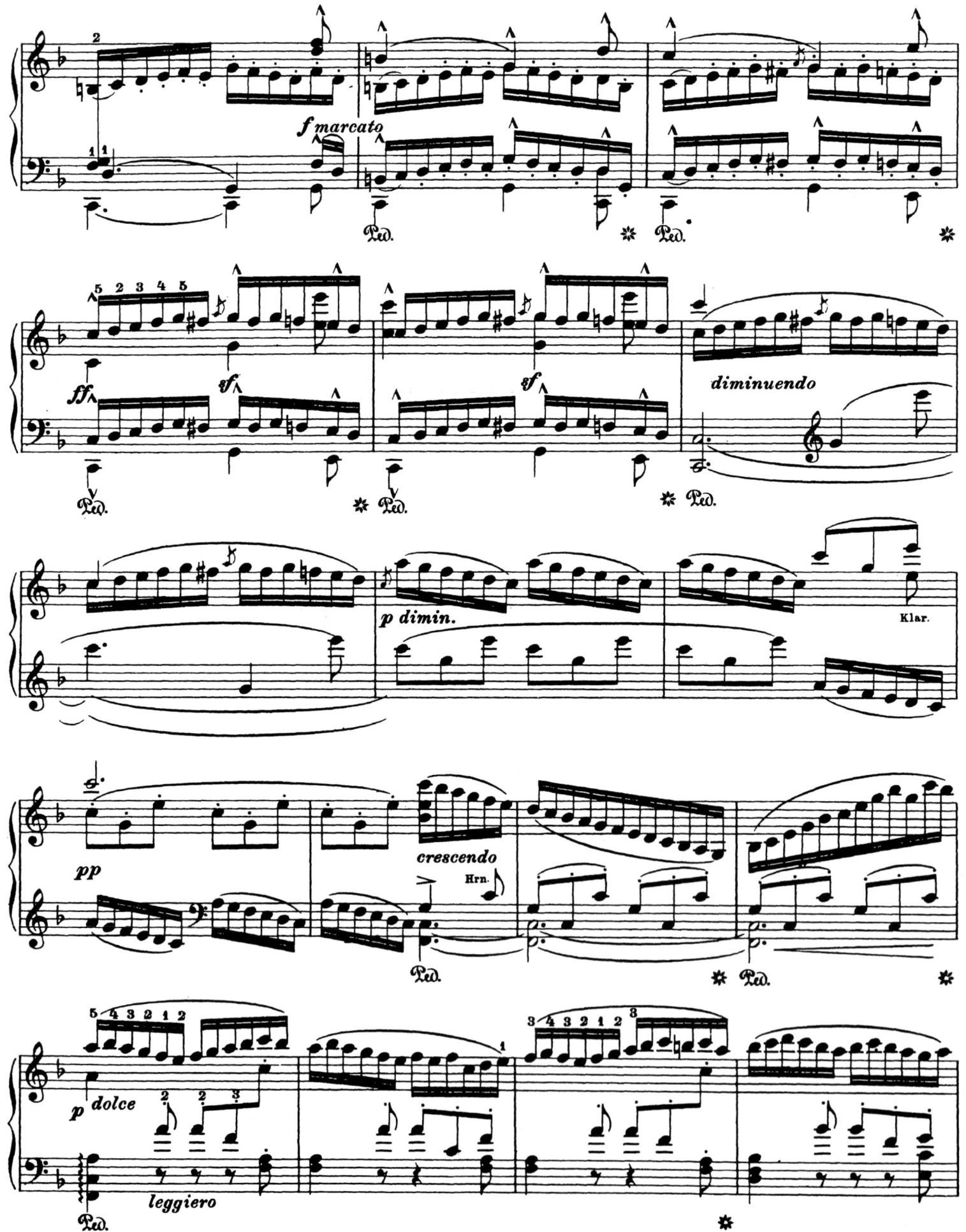

# Symphony No. 7

Dem Reichsgrafen Moritz von Fries gewidmet.

L. Van Beethoven, Op. 92
Transcribed by Franz Liszt

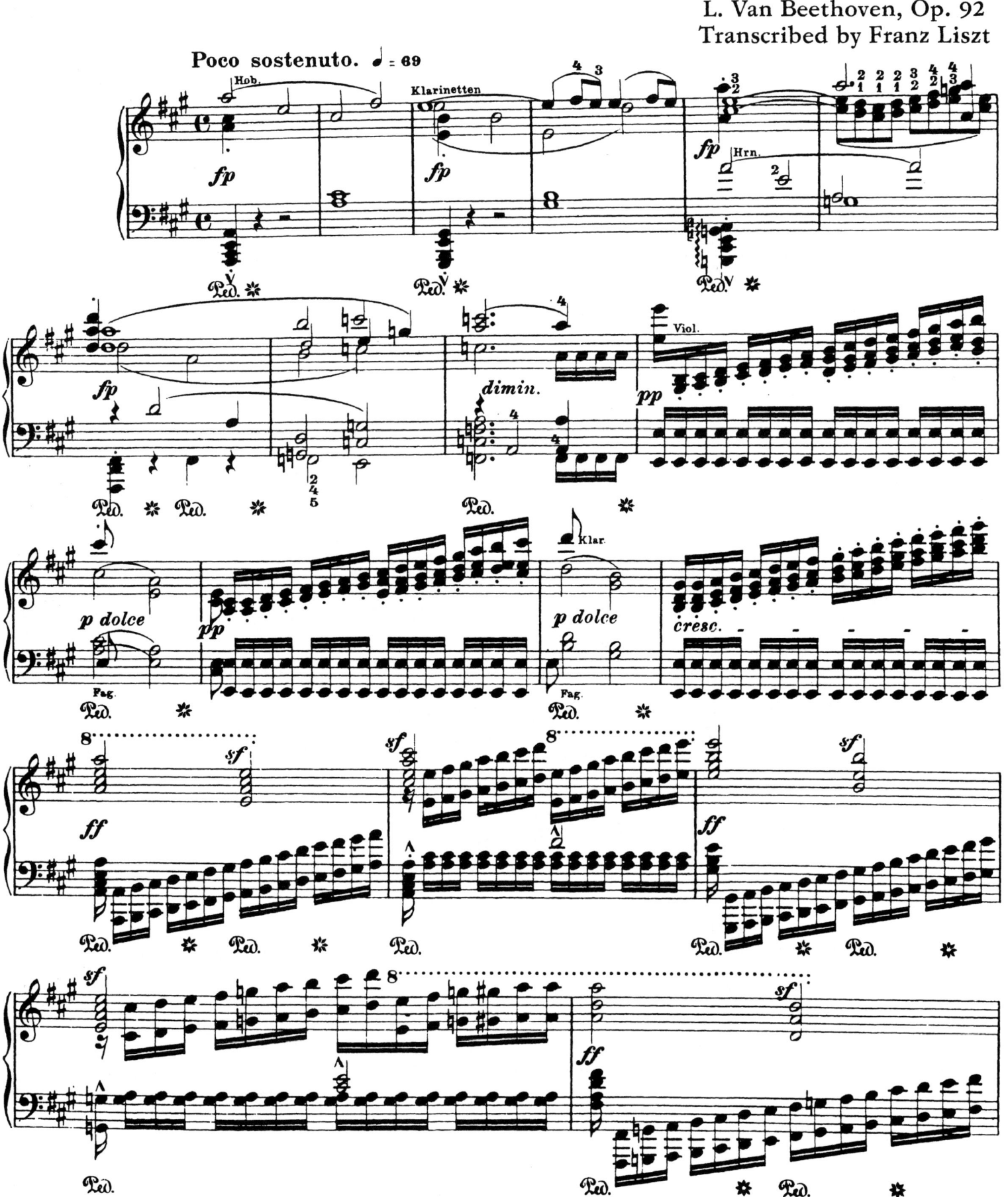

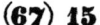

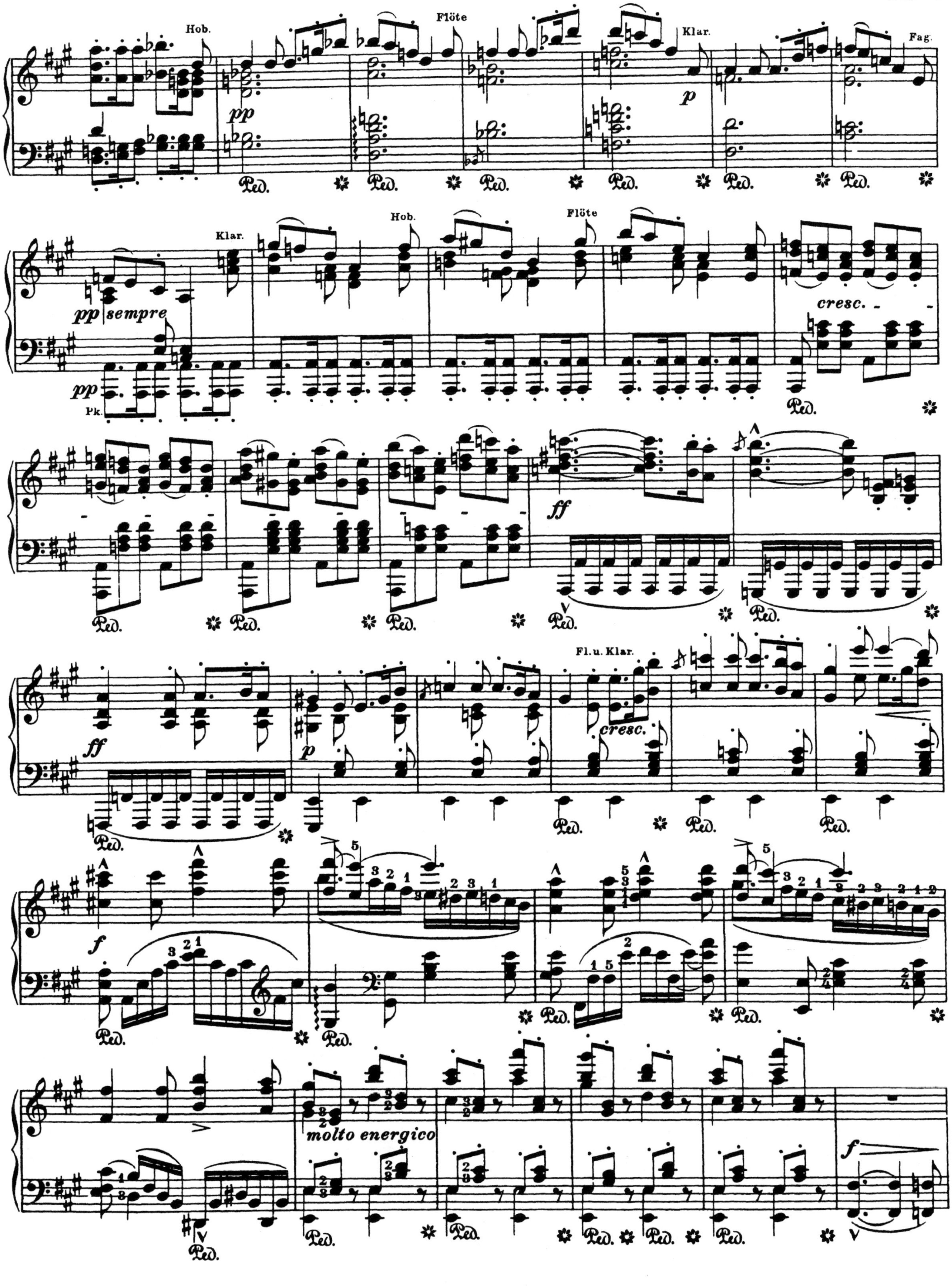
Hob.
Flöte
Klar.
Fag.
pp
p
Ped.
pp sempre
Pk.
cresc.
ff
Fl. u. Klar.
f
molto energico

34 (86)

Der ganze Satz mit dem Alternativsatz D dur wird wiederholt.
Tout ce mouvement y compris l'alternativo en ré majeur sera répété.

The entire movement with the alternativo in D major is repeated.
Ezt az egész tételt a D-dur alternativo-val egzütt meg kell ismételni.

ff
Ped.
ff sempre
1.Viol.
2.Viol.
sempre più f

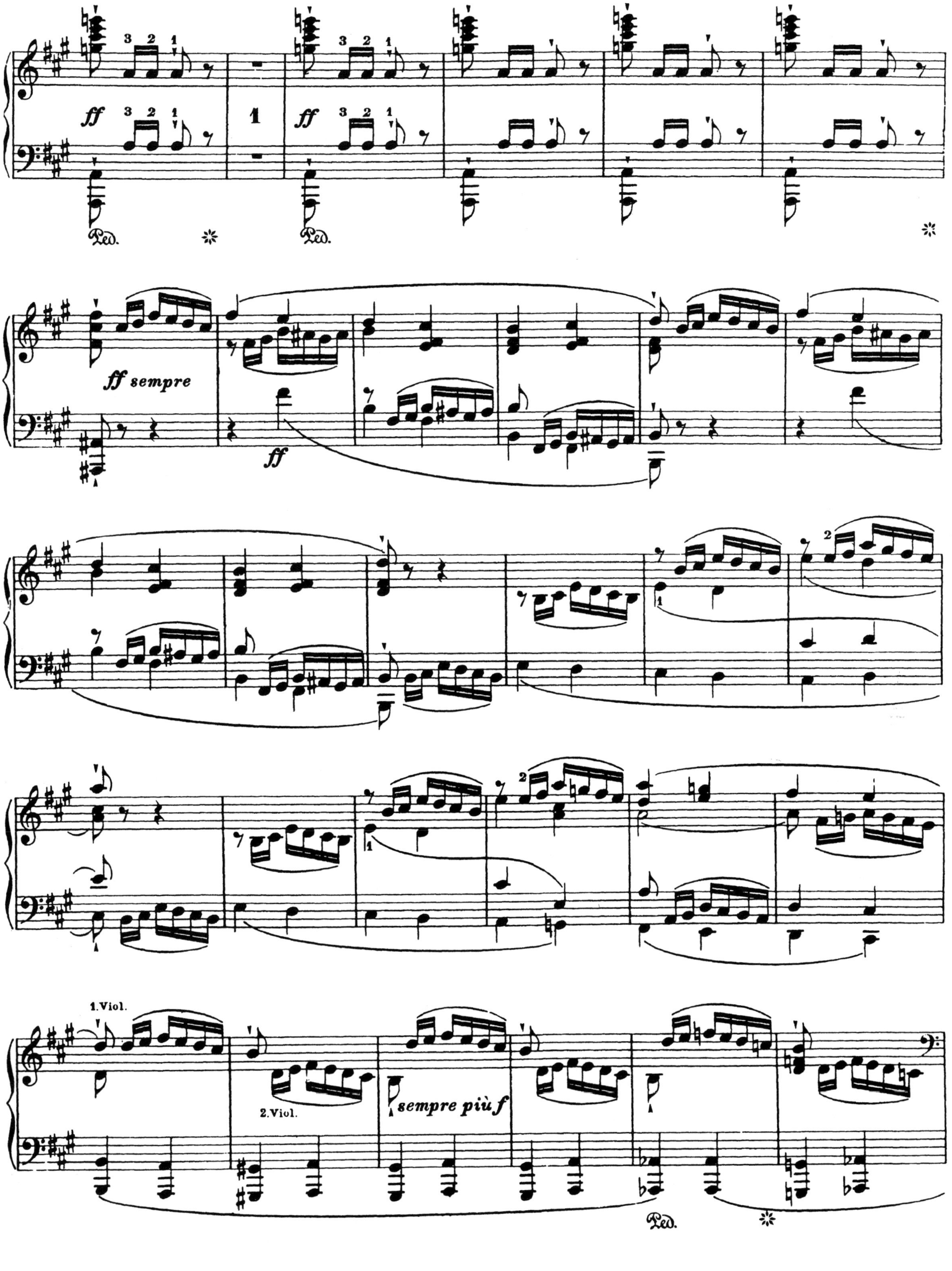

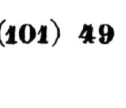

# Symphony No. 8

L. Van Beethoven, Op. 93
Transcribed by Franz Liszt

*) Der Vortrag der Hauptfigur des Motivs im Orchester ist nicht [figure] sondern [figure] oder [figure], demnach hat der Klavierspieler letztere Bezeichnung bei allen Motivstellen zu befolgen.

*) L'exécution à l'orchestre du passage principal du motif n'est pas [figure] mais [figure] ou [figure], le pianiste aura donc à se conformer à cette indication toutes les fois que ce passage réapparaîtra.

*) The rendering of the principal figure of the motive in the orchestra is not [figure] but [figure] or [figure]; the player, therefore, must observe the latter indication wherever the figure appears.

*) A motívum fő hangcsoportjának előadása a zenekarban nem így: [figure] hanem így: [figure] vagy így: [figure] történik, tehát a zongorázó is ez utóbbihoz igazodjék.

# Symphony No. 9

mit Schlußchor über Schillers Ode an die Freude.

Dem König Friedrich Wilhelm III. von Preußen gewidmet.

L. Van Beethoven, Op. 125
Transcribed by Franz Liszt

C
f
p
cresc.
Ped.
Ped.
più cresc.
ff
Klar.
Fag.
Ped.
ff
Viol.
p
pp
staccato
8
sempre pp e legatissimo
Hob. Klar.
Viol.
Hob. Klar.
Viol.
Hob. Klar.
Viol.

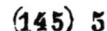

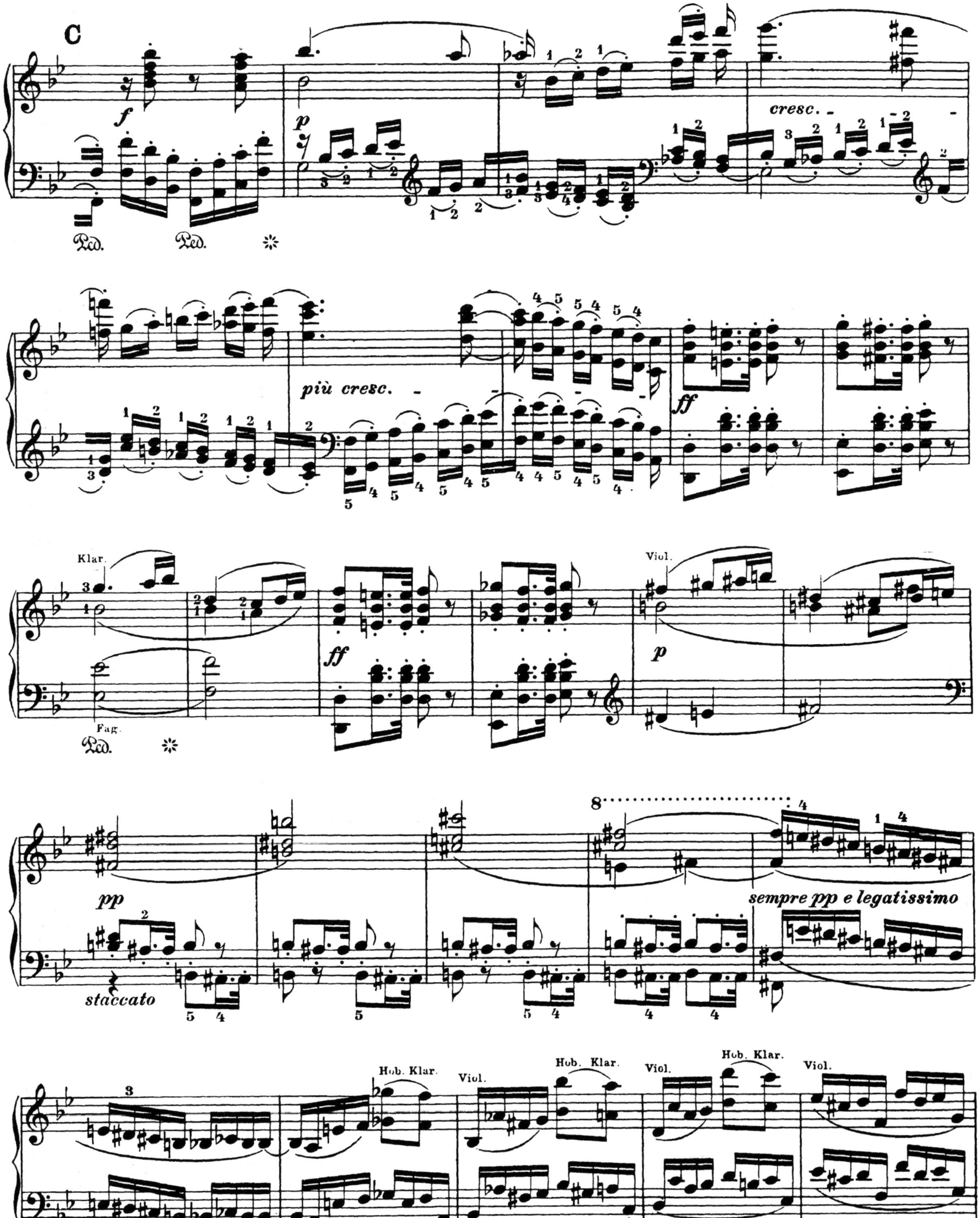

8
ten.
sf
Ped.
L
Fl. Hob.
p dolce
Hrn.

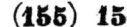

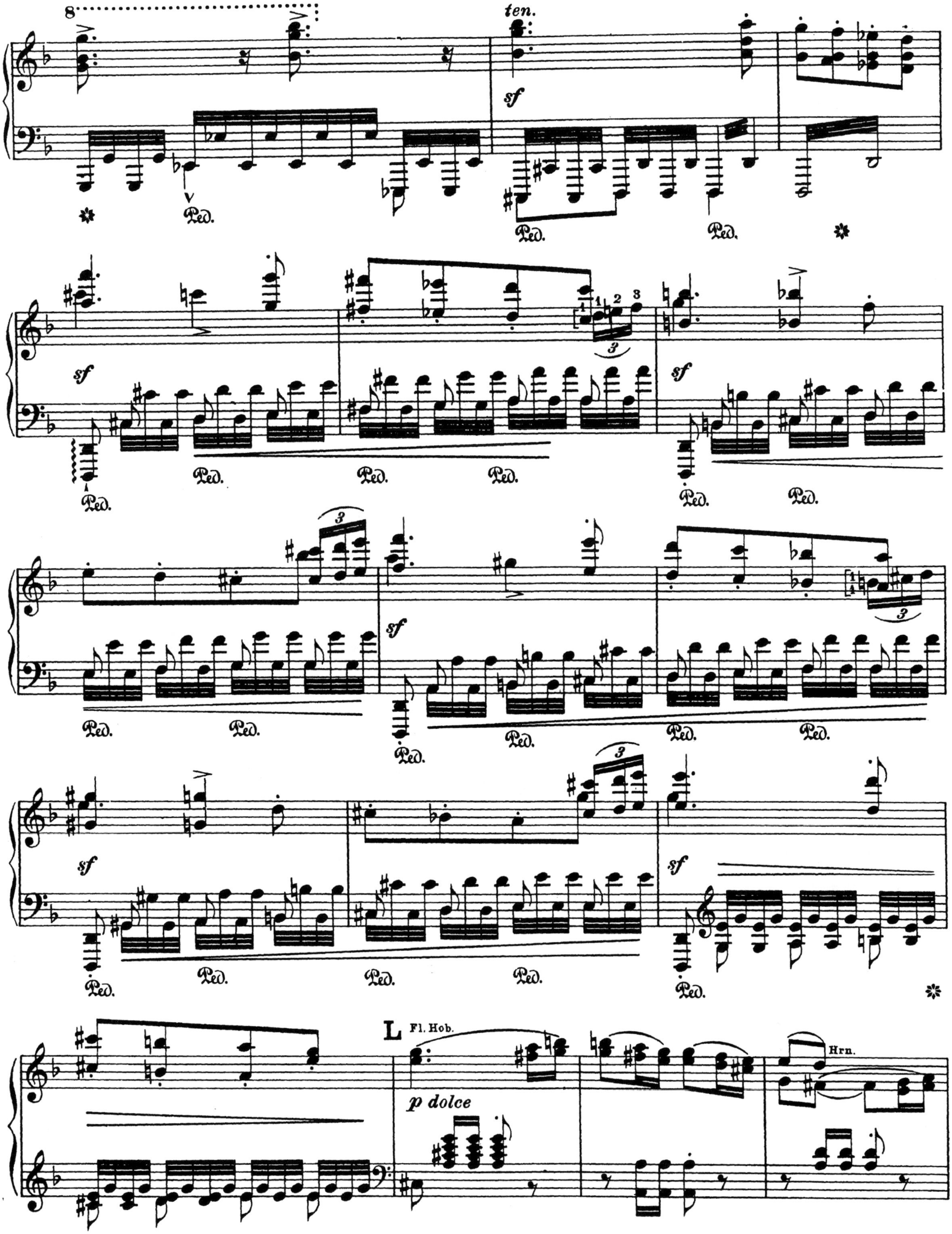

Molto vivace. ♩=116

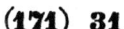

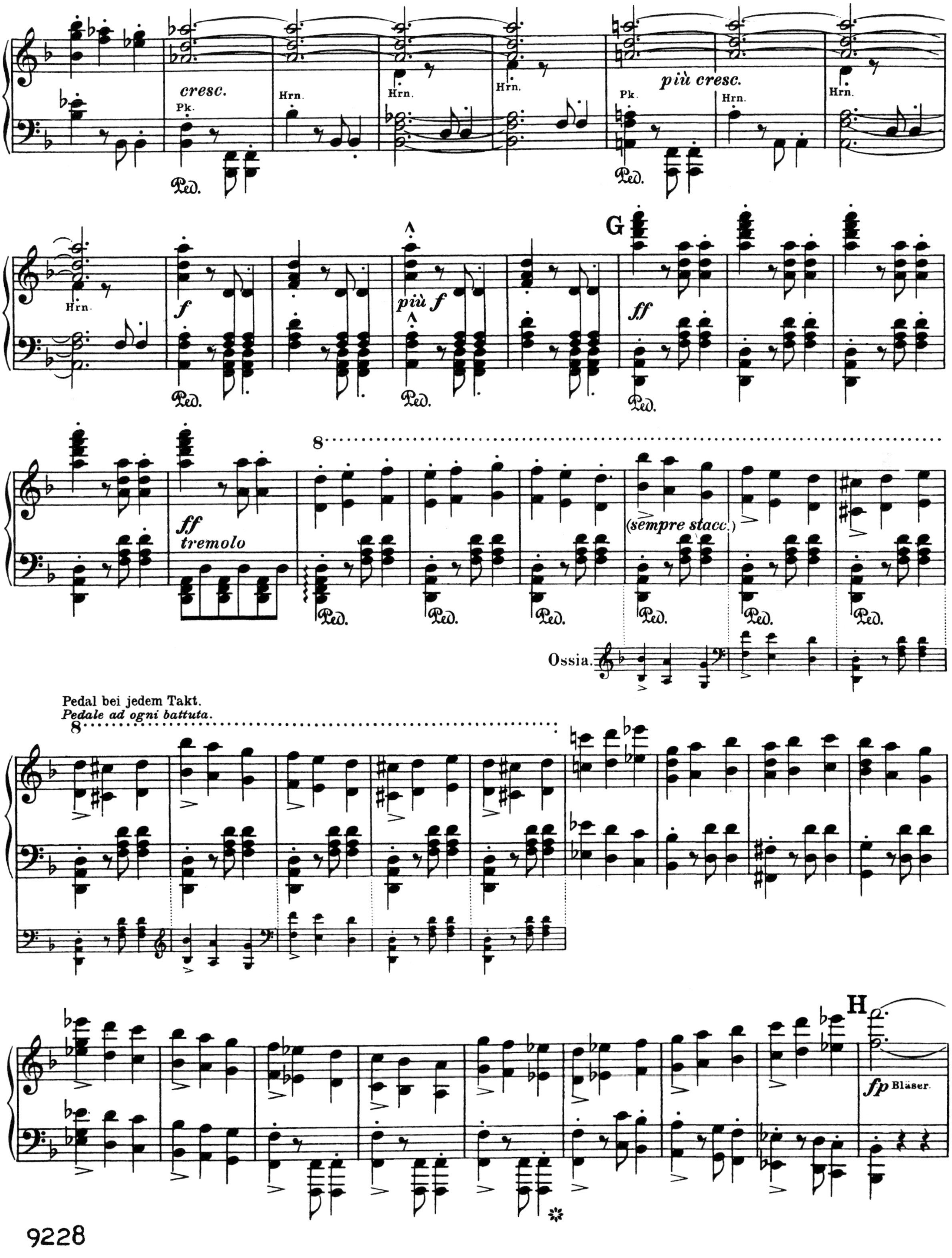
cresc.
Pk.
Hrn.
Ped.
più cresc.
f
più f
G
ff
tremolo
8
(sempre stacc.)
Ossia.
Pedal bei jedem Takt.
Pedale ad ogni battuta.
H
fp Bläser.

NB. Die begleitenden Stimmen gleichmäßig *pp* und staccato; die Figurierung des Gesangs legato.
(*Les voix d'accompagnement bien également **pp** et staccato; la figuration du chant legato.*)
(The accompanying parts in an even *pp* and staccato; the figuration of the song legato.)
(*A kísérő szólamokat egyenletes **pp** és staccato, a figurált főszólamot legato előadásban.*)

NB. Die begleitenden Stimmen der linken Hand immer gleichmäßig *pp* und staccato.
(*Les parties d'accompagnement de la main gauche toujours également pp et staccato.*)
(The accompanying parts of the left hand always in an even *pp* and staccato.)
(*A balkéz a kiséretet egyenletes pp és staccato billentéssel játsssza.*)

44 (184)

46 (186)